權威

Teacher's guide

教師手冊

Learning About Authority

Center for Civic Education　原著
財團法人民間公民與法治教育基金會　策劃出版

國家圖書館出版品預行編目資料

權威：教師手冊 / Center for Civic Education原
著；余佳玲譯. -- 初版. -- 臺北市：民間公民與
法治教育基金會, 五南, 2013.07
　　面；　公分
譯自：Learning About Authority Teacher's
　　　guide
ISBN　978-986-88103-9-6（平裝）

1. 公民教育　2. 民主教育　3. 權威

528.3　　　　　　　　　　　102011288

民主基礎系列《教師手冊》——權威

原著書名：Learning About Authority Teacher's guide
著 作 人：Center for Civic Education（http://www.civiced.org/）
譯　　者：余佳玲
策　　劃：林佳範
本書總編輯：李岳霖
董 事 長：張廼良
出 版 者：財團法人民間公民與法治教育基金會
編輯委員：陳秩儀、李翠蘭、朱惠美、許珍珍
責任編輯：許珍珍
地　　址：104台北市松江路100巷4號5樓
電　　話：（02）2521-4258
傳　　真：（02）2521-4245
網　　址：www.lre.org.tw

合作出版：五南圖書出版股份有限公司
發 行 人：楊榮川
地　　址：106台北市大安區和平東路二段339號4樓
電　　話：（02）2705-5066（代表號）
傳　　真：（02）2706-6100
劃　　撥：0106895-3

版　　刷：2013年7月初版一刷
定　　價：100元

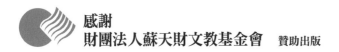
感謝
財團法人蘇天財文教基金會　贊助出版

前言

❏ 有效的公民教育課程的特徵

有效的公民教育方案，因為至少四項特徵，而顯得與眾不同：

■ **學生彼此間，有大量互動**。強調學生間互動和合作學習的教學策略，對於培養公民參與技巧和負責任的公民至為關鍵。這類教學策略的例子，包括小組合作、模仿、角色扮演和模擬法庭等活動。

■ **內容需具現實性，且能平衡地處理議題**。現實地與公平地處理議題，是有效的公民教育的必要元素；針對爭議的各個層面，進行批判性的思考，亦同樣不可或缺。假如上課時，我國的法律和政治體系被描述得彷彿完美無缺，學生會懷疑，教師說話的可信度，和課本內容的實際性。相反的，如果課文只列出這兩個體系失敗的例子，則會導致學生不大相信這兩個體系可用於維持社會的秩序和公平。該尊重法律和政治體系？還是針對特定案例中體系的適用情況提出建設性的批評？兩者間應該取得平衡。

■ **運用社區資源人士，參與課程進行**。讓學生有機會和實際工作於法律和政治體系內的各種成人角色典範，進行互動，能使上課的效果更好更真實；有關培養學生，對於法律和政治體系的正面態度，亦有很大的影響力。在課堂之中善用專業人士的參與（如：律師、法官、警察、立法者等等），能有效提升學生對公共議題的興趣，使得學生對教師和學校的課程有正面的回應。

■ **校長和其他學校行政主管，對公民教育堅決的支持**。要在校內成功推行公民教育，必須得到學校主管的強烈支持，尤其是學校的校長。學校主管採支持的態度，有助於公民教育的實施，他們可以安排活動，讓同儕之間能夠相互激勵、獎勵有傑出表現的教師，協助教師對校外人士說明教育計畫的內容，和制訂這些計畫的根據，以及提供相關人員在職訓練的機會，以取得實踐公民教育計畫，所需的知識和技能。此外，要成功施行公民教育，教師們對此持正面態度是非常重要的。

成功的公民教育方案會引導學生積極參與學習過程，以高度尊重學生作為一個獨立個體的方式來進行。反思、省思和論述會被重視，且有計畫地達成。知識和人格的培養是同時並進的，而在我國的憲政民主體制內，此二者對於培育出負責任的公民同樣重要。我們在規劃時，即致力於將上述重要特點，納入民主基礎系列課程中。

前言

課程理念

　　規劃這個民主基礎系列課程，是基於一項根本假設，亦即教育能讓人更能也更有意願表現出知書達禮、認真負責的行為。因此，教育機構必須扮演協助學生的角色，讓他們更懂得為自己做出明智的選擇，學習如何思考，而非該思考些什麼。在自由的社會中，灌輸式的教育方式並不適合教育機構採用。

　　成立組織來推動公民教育，是基於一種信念，亦即以上述觀念為基礎的課程所提供的學習經驗，有助於幫助學生，使他們願意理性而全心地投身落實各項原則、程序和價值觀，而這些正是維繫及提升自由社會所必需。

課程目標

　　民主基礎系列課程的目標是：

■ 促進對於憲政民主制度及這些制度據以建立的基本原則和價值觀的了解
■ 幫助青少年培養成為有效能而能負責的公民所需的技能
■ 增加對於做決定和處理衝突時，能運用民主程序的認識與意願，不論其是在公或私的生活中

　　藉由研讀民主基礎系列課程，學生能發展出辨識，與需要採取社會行動問題的能力。他們會被鼓勵透過具知識性的問題探究，而能接受隨著享受公民權利而來的責任；一個建基於正義、公平、自由和人權理想的社會，是否得以存續，這些責任即是關鍵所在。

課程架構

　　「民主基礎系列」課程不同於傳統式教材，焦點並非放在事實、日期、人物和事件。相反地，它是放在了解憲政民主制度極為重要的觀念、價值和原則。這套課程，以四個概念為中心：權威、隱私、責任及正義。這些概念構成了公民價值和思想的共

同核心的一部分，是民主公民資質理論與實踐的基礎。這些概念並不連續或彼此互不相連，且有時會相互牴觸。這些概念可以有許多不同的解釋，就像所有真正重要的觀念一樣。

　　教師可以在課堂上，講授民主基礎系列課程全部的內容，也可以選擇與學校或地區一般課程目標和學習成果有關的相關課程來傳授。教導這些概念，毋須按照任何特定順序，然而，假如你選定其中的某一課來教授，頂多只能完成該課之目標，而無法達到整個單元或概念的目標。以下簡述「權威」、「隱私」、「責任」、「正義」四個概念。

 權威

　　學生要學習權力和權威的關係，透過研究各種缺乏權威或濫用權威的狀況，對權威這個觀念有通盤的了解，並能明智又有效率的檢視各種用來處理這些狀況的方法。

　　學生需要知識和技巧才能對與權威職位相關問題做出正確合宜的決定，也需要知識和技巧去處理關於評估或制定法律和規則的狀況。

　　學生會透過每一項練習活動，學到權威對個人或社會全體都有利益或不利益之處。大家必須知道權威的利益和代價，才能明智的決定權威應有的範圍和限制。

　　學生也要練習為某個特定的權威職位設定權力範圍和限制，知道運用權威是為了提升效率，但卻不能有壓迫性。

 隱私

　　學生要學習為隱私下定義，了解隱私的重要性，並在不同的狀況下辨識並說明常見的隱私事項。他們會學到造成不同的個人隱私行為的各種原因或要素。

　　學生會了解每一次我們維持隱私的時候一定會產生一些結果，有些結果對我們有益處，有些則是我們必須付出的代價。學生也會學到在特定的情況中是否應該保護隱

私，每個人的看法可能都不同。

學生還會學到身為公民，在面對隱私的範圍和限制的問題時，必須考量的重要議題。

 責任

學生會學到對個人和社會負責任的重要性，檢視責任的來源以及負責任或不負責任可能產生的結果。

一旦有人承擔責任，就會產生結果，有些結果是益處，有些結果則必須付出代價。學生會學到分辨結果的利益和代價很重要，才能決定哪一項責任更為重要，必須優先承擔。

學生還要學習在面對無法同時兼顧的責任、價值和利益時，如何能明智的決定要選擇承擔哪一項責任，或是在特定狀況中要追求哪一項價值或利益。

學生也會學習在特定的時間內或狀況中，評估誰該負責任、誰該受到表揚或責備，並採取立場。

 正義

學生要學習正義可以分成三大類：分配正義、匡正正義和程序正義。並練習用這三類項目來辨認正義的議題。

學生要了解在一群人或團體裡公平的分配利益或負擔的重要性，其中利益可能包括工作的報酬、發言或投票的權利；負擔則可能包括一些義務，像做家事或做功課。

學生要認識匡正正義是公平或適當的回應錯誤或傷害並做決定。

學生還要學習認識程序正義的問題，了解用公平的方法來蒐集資訊和做決定的重

要性。

「民主基礎系列」課程的本質屬於觀念性的教學，因而必須回歸到學生的日常生活。這套課程最獨特的地方，是可以幫助學生對照自己的生活經驗與外在社會及政治生活的關係。

需要整合社會研究和語言藝術也是這項課程的設計目的之一。

❷ 故事本格式

故事本是四本繪本，教師在讀這些故事給幼兒或尚未能閱讀的兒童聽時，孩子們可以看書中的圖畫說明。故事書的大小正好適合孩子們在教師的指示下自然翻閱。

每一本故事書分成四個篇章，每一章強調主題觀念的一個部分，並要求用批判性的思考來解決問題。各部分需要討論的重點分別用符號標示在頁面的邊緣，提醒教師們在這些地方停下來，讓學生就故事中提出的問題或狀況進行討論。這些問題往往沒有一定的解答，教學策略是要讓學生提出自己的解決方案，不要受到故事內容的影響。同時也希望學生能將這些觀念回應到日常的生活經驗中，運用所學在新的狀況裡。

每本學習手冊都有四個部分討論和回顧故事本的內容，在這些章節中，教師必須對照使用故事本和學習手冊，學習手冊中會重複引用故事本中的對話和圖片，讓教師和學生都更方便參照。

❷ 學習手冊格式

「民主基礎系列」每一主題的學習手冊有六至七課，第一課是定義，其中做為教學設計的插圖能讓孩童對提到的情境更熟悉，刺激大家對重要觀念和相關議題有更多的討論。

有些課程是屬於全班參與的活動演練，由學生進行角色扮演來解決相關的問題，並練習評估、採取立場，進而為所持的立場辯護。

每一課開始都是「本課會學到的概念」，簡短介紹在這一課要努力完成的內容大綱。

「本課詞彙」是一課中要討論的關鍵理念和相關名詞，名詞的定義則列在本手冊中。

「重要觀念」是為了協助了解課文提出來的狀況所需的觀念。

「解決問題」是要讓學生練習批判性的思考。學生分成小組運用所學的觀念，來分析和家庭、學校和社區相關的假設性問題。

「閱讀、回顧和討論」部分要回到故事本的內容，回顧故事的細節進行討論並處理問題。

「展示學習成果」屬於評估性的活動，讓學生有機會展現學到的技巧。大多數課程最後有「課後活動」，提供更多演練的機會。這些活動可以成為學生個人的工作或回家作業的專題，也提供教師更多評量學習成果的機會。

教師指導手冊格式

課程章節

教師手冊是要補充和延展學習手冊的內容，每一課開始都是「課程概述」，說明這一課的整體目標。接著是從行為的概念列出「課程目標」的各個項目，期待學生上完這一課後有能力做到的各個事項。這些教材可以逐步累積學生的觀念，所以並不要求學生精熟每個步驟。

課程目標的後面是「課前準備／所需教材」，這部分的內容會點明學習手冊和這部分相對應的頁碼，並建議在教學時需要先作哪些準備或哪些材料。接下來便是關於課程和這一課主題相關的更多資訊介紹、問題討論和學生作業的答案。

附錄

思考工具表格、主角人物圖案和面具的原稿樣張都在本手冊後面的附錄中。

以下是使用「民主基礎系列」教材學生學習手冊的教學建議：

運用思考工具分析問題

每個人或機關團體，都會遭遇難以分析或解決的問題，在民主基礎系列課程中，學生們也會遇到各種難題。這套課程在每個主題概念的不同單元中，都提供一套分析的架構，或說「思考工具」，協助學生得以用批判的角度來思考，以理性而負責的態度，面對重要的問題。「思考工具」是指一組一系列的問題，可用來檢視權威、隱私、責任和正義等概念的問題，帶領學生做出相關決定。

要了解為什麼在分析權威、隱私、責任和正義等主題時，需要各種思考工具，以及這些工具有什麼功用，只要看看思考工具在其他研究領域的應用情況，就能清楚明白：想像考古學家走遍千山萬水，尋找古代村莊遺跡，因為他們的腦中滿載知識和技能，包括事實、想法、假設和問題，以致於讓他們能夠注意並理解，未受訓練的外行人不會注意到或無法了解的事物。

對於同樣的遺址，外行人可能是無意識地踏過而已，而經過專業訓練的考古學家則會因為擁有專業知識，而能馬上分辨出當地是否曾經有人類居住過的痕跡，或是在歷史上有什麼重大的影響。然後考古學家會利用他們的知識和思考工具，有系統地蒐集和處理資訊，以得到對過去更深的了解。

在其他領域中受過訓練，而懂得運用思考工具的人們也是如此。不管在哪個領域，要能理解某些事物、達成某些目標或做出明智判斷、決定該如何行動，受過訓練的人總是比未受訓練的人占優勢。無論是技術純熟的木匠、電視製作人、政治學者、法官或太空人，都是如此。

而且這套課程的思考工具，並不是一成不變，每套問題組，會依照要處理的概念問題，種類不同，而各有差異。比方說，我們不會用處理權威問題的分析策略，來探討正義的問題。

前言

透過主動學習策略的運用，這套課程的思考工具能發揮更大的作用，學生們更能藉此發展出必須的個人和團體互動技巧，在民主社會中有良好的社會和政治參與。訓練學生應用思考工具，是「民主基礎系列」課程的獨到之處，學生們一旦學會使用思考工具，將一生受用無窮，以後在面臨抉擇時就能一再加以運用。

進行班級討論

「民主基礎系列」——權威、隱私、責任和正義這四個概念自古至今不斷受到爭議、討論、評估和再評估；而有效的公民教育包括呈現和討論具爭議性的題材，這正是學生和教師都會對這套課程感興趣的原因。經由討論的過程，學生們能學到知識和決策技巧，並獲得處理紛爭的經驗和致力於當個好公民的決心。

為了確保授課教師和學生們都能因這個課程的學習經驗而得到啟發、獲得益處，在針對具爭議性的議題，和當代社會常發生的事件進行班級討論時能夠順利，授課教師可以參考下列建議：

強調爭議、妥協和共識是正常的，這些是民主社會的必備條件。

■ 嘗試以具體的方式說明爭議的核心。請學生們想想他們自身遇過的類似問題和困境。
■ 描述過去的例子，讓學生了解過去類似的衝突是如何處理的。承認當時我們並沒有像今天一樣，堅持民主法治社會的理想和原則。探討各個時期對這些概念的詮釋和應用，能幫助學生們了解民主憲政體制的流動性，以及一個公民在協助整個社會能進一步達成國家目標上所扮演的角色。
■ 強調各種觀點的合理性，鼓勵學生們以公正的態度檢視及介紹相衝突的觀點。教師必須提出學生們可能忽略的相對意見。
■ 讓學生們將注意力集中在討論或處理觀念或立場上，而非個人的身上。提醒並強調在許多具爭議性的議題上，不同立場的人提出的意見可能差異甚大。鼓勵學生們在不同意多數意見時提出異議，即使他們是唯一持反對態度的人，亦應勇於表達自己的意見。
■ 協助學生們找出特定的贊同或反對的論點，然後找出可能的折衷方案，並認明不可能妥協的事情。對學生強調他們針對某個議題所達成的結論或決定，結論如何的重要性，遠比不上整個討論到做出決定的過程，在過程中，不僅能夠做出合理決定，同時也學習尊重他人意見，並以理性的態度說明最後結果。
■ 藉由評估所提出的論點，和探討其他各種建議的可能結果，來為活動或討論做總結。總結

若要發揮效果，還需要由教師和學生共同評估整個進行討論、準備小組活動或呈現班級活動的過程。

　　班級討論和意見分享是這些活動的關鍵；在活動開始進行前，授課教師可以訂些討論的基本規則，例如：

■ 在表達自己的想法之前，要準備好能說明清楚自己的想法與辯護。
■ 抱持有禮而尊敬的態度傾聽他人意見，教師可能會請你告訴大家除了你自己的意見之外，你最欣賞誰的看法。
■ 每個人都會有機會說話，但一次只能有一個人說話。
■ 爭辯的時候不要針對個人，而應將重點放在理由和想法上。
■ 無論何時你都可以改變自己的想法，只要準備好與大家分享你這麼做的原因。

運用有效的問答策略

　　問與答，是這套課程非常重要的一項特徵，有效運用問題是學習過程的關鍵，因此在課程設計時，需要詳細規劃。雖然有些問題，可用以釐清學生們究竟學到了多少知識，但是採用問答策略的主要目標，應該是幫助學生增強他們的能力，讓他們能做出明智且負責的決定。教師選擇的問答策略，必須要能引導學生們去分析情況，並將概念加以綜合和評估，使學生們在未來的生活中，都能運用在活動中所學到的技能。

　　大體而言，在規劃如何進行班級討論時，必須考量六種問題，以下簡單介紹這六種問題並加以舉例：

■ **知識方面的問題**
　　這類問題與回想特定事實或資訊有關。例如：正義的問題可分為哪三種？
■ **理解方面的問題**
　　這類問題是關於是否有能力了解各種概念的意義，請學生將概念換句話說或加以詮釋，即可知道答案。例如：畫圖說明有人盡到了某個責任，並說明這項責任的來源。
■ **應用方面的問題**
　　這類問題是關於是否有能力，在遭遇新狀況時運用所學。例如：以自身經驗為例，這些概念可以應用在哪些地方？未來可以如何運用這套步驟來解決紛爭？

■ **分析方面的問題**

這類問題關係到有沒有能力，將概念加以分析，包括找出其構成要素，並建立要素和要素間的關係。例如：在這種情況下，保有隱私會有什麼結果？哪些結果是帶來益處？哪些則會付出代價？

■ **綜合方面的問題**

這類問題關係到有沒有能力，將所有要素統合成為新的整體，重點在於創造新的思維模式。例如：為什麼校長需要更多的權威呢？

■ **評估方面的問題**

這類問題關係到能不能為了某個目的，去判斷各種事物的價值；這意味可能要在相衝突的責任間做抉擇，或判斷某法規是否符合好的規定的標準。例如：在決定誰要因為這個事件獲得獎勵時，這些步驟能有什麼幫助？

在設計問題時，要注意不要讓學生只會聽教師說話和回應教師，變成教師與個別學生的互動，而要讓學生之間也能有這樣的互動。只要藉由以下方式，鼓勵學生主動參與，就可以增進學生之間的橫向互動：

■ 提出問題後，請學生兩人一組討論問題的答案。
■ 要求學生說明他們的答案，這不但對他們自己有利，也能加惠其他人。
■ 要求學生提供額外的論據、資訊、觀點等，將自己或其他學生的答案加以延伸。
■ 請學生依照剛才課堂上過的內容，自己設計一些問題。
■ 在提出問題後暫停至少七秒，給學生思考的時間。
■ 假如學生的答案很短或很瑣碎，請他們針對答案提供進一步的說明。
■ 每個問題都要請至少兩位學生來回答。
■ 鼓勵學生對其他學生的答案有所回應。
■ 除了讓自願者回答問題，也要請不會主動舉手的人來回答。

鼓勵小組互動式學習

學習手冊中的批判性思考活動，都是以合作式的小組演練來進行，讓學生以小團體的方式來演練，每位學生都必須積極參與，才能成功的達成課程目標。教師應該鼓勵學生，不僅致力於學術表現，也要培養並運用適當的人際關係技巧。

教師在規劃和進行的分組演練時，會面臨許多重要的考量，其中之一就是團體的

成員人數，了解不同的探究主題需求，有助於決定在上這一課時，一組應有多少位學生最恰當。

威爾頓（David A. Welton）） 和馬倫（John T. Mallan）在他們所合著的《孩童和他們的世界：社會科的小學教學》（Children and Their World: Teaching Elementary Social Studies, Fourth Edition, Houghton-Mifflin, 1991） 一書中，提到不同大小的團體會產生的一般性行為特徵：

■ **兩人一組**：資訊高度交流並能避免意見不一，是兩人一組的兩項特徵。然而，萬一兩人意見始終不一致，就會產生僵局，因為小組中沒有任何一方，可以獲得第三者的支持。
■ **三人一組**：三人一組的特徵是多數（兩個人）的勢力壓過只有一人的少數。不過，這種小組結構其實是最穩定的，只會偶爾有些兩人聯盟換人的情況。
■ **偶數小組**：小組的人數如果是偶數，在碰到小組內意見相左的兩方人數相同時，容易形成僵局。
■ **五人小組**：學習效果最令人滿意的似乎是五人小組，團體內流動很容易。如果分裂成兩人對三人的局面，即使是屬於少數的意見也有人支持。五人小組的規模，讓組員可以相互激勵，同時又有益於個別的參與。
■ **超過五人的小組**：隨著小組規模擴大，小組整體的能力、專門知識和技能也會加強，但許多方面的困難度也會增加，包括讓所有組員專注於工作、確保每個人都有發言機會和協調小組行動。

教師們在規劃和執行合作式團體學習時，所面臨的另一項考量，是要讓學生自己選擇組員，還是要由教師分組。強森 （David W. Johnson） 等人著作的《學習圈：教室內的合作關係》（Circles of Learning: Cooperation in the Classroom） 一書，於1984年由「督導與課程發展協會」（Association for Supervision and Curriculum Development）出版，書中描述分組特徵如下：

■ 學生自選的小組通常組員的同質性高，成績好的學生會選擇其他成績好的學生組成一組，男生和男生一組，女生和女生一組，不同文化背景的學生則選擇和自己背景類似的人一組。
■ 相較於教師所分配的小組，學生自選的小組，通常較無法專注於教師指派的任務。
■ 在討論時，異質性較高的小組，似乎會有比較多的創造性思考，組員間較常相互說

明，也比較能容納不同的觀點。

有個方法能有效改進學生自選小組的缺點，那就是請學生列出他們想和哪三個人同組，然後將學生與他們所選的其中一人分派到同一組，其他組員則由教師指定。採用這種方式時，要注意可能有些學生沒有人想和他們同組，教師應該仔細考量要如何為這些學生建構一個支持性的學習環境。

分組時也可以考慮用報數的方式，隨機分配學生組成小組。比方說，若班上有三十位學生，每五人要分成一組，共分成六組，可以要求學生輪流報數，從一數到六。然後，讓報「一」的人組成一組，報「二」的人一組，以此類推。一旦分好組，就盡量讓各組保持原樣一段時間，而不要在進行下一項活動時，又重新分組。

以下是在課堂上進行小組活動時，可以參考的一些建議：

■ 確定學生有進行活動所必須的技巧和能力，假如學生沒有這些必備的技能，教師很快就會發現，因為學生維持專注的時間不會太久。
■ 給予學生完成工作的明確指引，在活動期間，確定學生了解要進行的步驟或程序。
■ 給學生充分時間完成指派的任務，對於比其他組早完成工作的組別，教師要發揮創意，想些有建設性的任務，讓他們不會無事可做。
■ 處理活動流程時要清楚明確，假如各組必須派出代表向班上同學報告他們的工作成果，那就要確保有時間讓各組安排推選代表。
■ 教師的評估策略會影響學生的小組活動，教師應多對各組學生的努力，予以鼓勵及獎勵。
■ 監督各組的工作，以指導者的身分引導學生。

善用社會專業人士

讓擁有經驗或專業的社會人士參與課程進行，能大幅增加及拓展學生對民主基礎系列課程中，相關概念的理解。社會專業人士的助益，可分為下列幾方面：

■ 藉由分享實際經驗及相關的概念應用，結合課程與現實。
■ 協助課堂上活動的進行，如：模擬法庭、模擬立法公聽會和社區會議等角色扮演活動。
■ 在學生參觀法院和立法機構等場所時，負責擔任嚮導及回答問題，豐富學生的觀摩

經驗。

■ 與某位專業人士建立長久的關係，如此在課堂上遇到相關問題或有疑惑時，就可以向這位專業人士聯繫請益。

哪些人可以擔任這種專業人士的角色？這個答案依各地區而有所不同。通常這些人包括：警察、律師、法官、立法者、中央和地方政府代表、專家學者或非營利組織成員。有些課可能還需要其他領域的專業，如：醫藥、環境科學或商業。在教師手冊和學生課本中，都有關於特定職業種類和個體的建議；有了這些人士的參與，學習民主基礎系列概念的過程會顯得更為生動而多樣。

專業人士的參與應該經過審慎考量，並能配合課程或概念。

要讓社會專業人士的參與，盡可能發揮最大的效益，需要事先有詳細的規劃。教師應該注意下列事項：

■ 參與的主要模式，應該包含與學生互動和意見分享。必須要求專業人士協助學生準備角色扮演，或模擬法庭中要發表的論點。專業人士可以扮演法官、加入學生的小組，或回答與課文特定內容相關的問題。此外，專業人士應該參加課程或活動最後的總結討論。

■ 專業人士的發言應該要不偏頗，要包含各種觀點在內。如果某位專業人士無法維持客觀，你可以考慮再邀請另一位專業人士，以確保學生對那個專業領域有較完整的認識。專業人士也應該避免使用過於專業的術語，遣詞用字越簡單越好。

■ 專業人士到訪以前，學生應該有充足的準備，充分利用有專業人士在場的機會學習。

■ 多數專業人士都不是受過訓練的教師，因此不應該讓他們負責班級管理。在他們參與期間，教師應該隨時在旁給予協助。同時教師有時必須提出適當的問題或給予提示，提醒專業人士應該如何進行活動，這有助於專業人士與學生間的良好溝通。

■ 為了使專業人士的參與圓滿順利，專業人士應該事前就拿到要參與的課程資料。一般而言，在課程進行前會當面說明或用電話溝通，以有益於了解教師對專業人士的期望。

同時活動課程的計畫緊湊、時間有限，建議教師應儘早提出邀請。課程進行時，必須找一組學生負責在專業人士到訪當天擔任招待，並在活動結束後寄送感謝函。

前言

實行互動式教學策略

「民主基礎系列」課程有一項很重要的特點，就是所採用的教學方式，能積極鼓勵學生針對與權威、隱私、責任和正義等概念相關的問題，做出自己的決定及提出自己的立場。學生們要學習，將所知應用於現在政治、社會上的各種問題。此外，這些教學策略強調許多參與技巧，有助於提升學生們在民主憲政體制中，成為良好公民的能力。例如，學生們學到要相互合作來達到共同的目標，懂得對具爭議性的議題加以評估、採取立場，並為自己的立場說明及辯護；也知道在面臨相對立的意見和觀點時，應該如何以建設性的方式加以處理。這些學習策略中也教導學生，有關政府的運作方式。

⟋ 學習成果評量

「民主基礎系列」課程教授了許多複雜的概念、知識和技巧，要想了解學生的學習成果，必須用全面又富變化的評量方法。衡量學生是否有進步的方法，可以包括傳統的紙筆測驗，還有根據學生在課堂上的表現進行評估。

要檢查對特定概念、觀點或程序了解和熟悉的程度，傳統的紙筆測驗是非常有用的工具。然而，如果教師讓學生進行的活動，是那些需要具備複雜的知識和技能才能參與的活動，教師就必須使用類似的情境，才能評量出學生的學習成果。比方說，如果學生參加的是模擬立法公聽會，教師就應該先設定類似而相當的情境，學生才能展現他們的理解程度和技能。這就是在採用互動學習策略時，表現評估非常適合用於評量學習成果的原因。

表現評估不同於傳統測驗，因為學生無須從彼此不相關的答案中做選擇。在表現評估中，學生透過處理複雜的問題，來表現所學的知識和技能，這些問題之中富含有意義的情境設定（如立法公聽會），而且通常不會只有一個正確答案。因此，學生還可以自行架構或塑造適當的回答，用各種不同的方式呈現答案，這是他們展現所知和能力的一種方式。

表現評估特別適合「民主基礎系列」課程所強調的內容、技能和學習經驗。課堂上安排的各項的活動，如：小組討論、模擬法庭、公聽會，以及其他創意方案提供了最好的機會，將表現評估納入，成為學習的一部分。依據課文中各學習單元的安排，每一個單元都提供了有意義的情境，讓學生可以練習應用所學的知識和技巧。此外，每一課都有一個總結活動，讓學生綜合運用與該概念相關的所有學習成果。其他結合表現評估的方式，可參見各課「活

用所知」單元。

　　如果授課教師想自行設計不同的方法，來評估學生學習這套課程的成果，以下是一些可供參考的建議：

■ 要評估某個行為，必須先設定運用該行為的情境。例如，要評量學生做甲事的能力，就能提供情境讓他們實際做甲事。

■ 要評估學生在遇到情況時能否應用所學，就必須請他們在其他類似情況中應用所學的知識技巧。例如，教師在提問之後，必須能讓學生自行思考或討論得出適當答案，而非讓學生自許多選項中選擇正確回答。

■ 要評估學生在過程中的表現或學生作品的素質，並不是要知道學生能否找出正確答案的能力，重要的是學生們能有良好表現，或作出優秀作品的思考過程和立論依據。

■ 評量學生能否理解抽象概念與所學技巧之間的關聯。例如，在為討論做準備時，學生應該綜合運用閱讀、研究、寫作、表達和批判性思考等技巧，也應該能運用其他領域的知識和技巧來解決眼前的挑戰。

■ 事先提出表現優劣的評量標準，並確定學生們都清楚了解，可能的時候，提供範例給學生參考。

■ 提供有效而成功之團隊合作的衡量標準。小組合作和團體互動都是非常重要的能力，如果學生知道這些表現會一併受到評估，就會加以重視。

■ 給學生機會評估自己的學習情況及表現，這有助於學生能以較高標準來要求自己，並學習判定自己是否符合標準。因為這套課程中多數的學習策略都會反覆出現，學生們可以有足夠的機會不斷檢視自己的進步程度。

■ 給學生足夠的機會，自教師、同學和參與班上活動的專業人士等人處，得到回饋。

⚙ 學習經驗省思

　　在「民主基礎系列」課程每個概念的結尾，我們建議學生們評量自己是否有達到該課的目標。無論對授課教師或學生而言，在各概念最後的學習階段，省思及評估整個學習經驗十分重要，其中不只包括思考概念本身的內容，也要衡量用來學習概念的教學方法。

Table of Contents

目錄

權威／教師指導手冊

Activity Book

導論

　　權威與每一個人的生活息息相關，會影響到父母、老師、小朋友、法官、立法者和總統。或許有些人認為根本不需要權威，因為權威和自由與人類尊嚴是一種對立的概念。然而多數人的想法則認為權威是文明所需，對社會的存在十分重要。舉例而言，美國人民常常對權威抱持懷疑的態度，卻同時又將權威視為解決紛爭、維持秩序的手段。美國憲法也明白反映了這種根本上的矛盾心理，憲法提供了權威，卻又在實行時加以限制。

　　所謂的政府，就是一群具有權威的人和團體在社會中執行特定的功能。因此，了解權威和權力的概念很重要。明白權力和權威之間的差異，才能知道有權力的人是否有權行使手中的權力。對稱職而負責的公民來說，理解權威的必要性及其如何發揮作用，才能促進眾人達成共同目標，讓個人和社會都受益。

　　像是美國，政府的權力會受到限制，為的是要確保有權威的在位者能完成受指派的職責，達到政府存在的主要目的，而不會誤用或濫用被授予的權力。要保護個人權利就必須對權威加以限制。唯有明白限制權威的理由和必要性，公民才能掌控政府，確保政府盡到職責。

Lesson ①

什麼是權威？

課程概述

這一課要介紹權威（authority）的觀念。學生將會學到權力（power）和權威的定義，並能辨別哪些狀況是人們自己主動去做事，哪些狀況是因為受到他人控制或指示才去做事。

學生會學到有時候人們有權利（right）吩咐其他人做事，這些人是在運用權威。若他們沒有這個權利（right）卻去指使別人，就是在使用權力（power）而非權威。學生也將知道如何取得權利來運用權威。

這一課同時要說明沒有權威時可能出現哪些問題，讓學生了解在社會中如何運用權威，並學習用這個概念來分析、解決各種假設狀況的問題。

課程目標

上完這一課，學生應該能做到下列各事項：
■ 為「權力」和「權威」這兩個名詞下定義
■ 辨認人們是自主行事，還是因為他人使用權力而被迫行事
■ 說明「權威」和「沒有權威的權力」有什麼不同
■ 辨別因為沒有權威而造成的問題
■ 分辨「權威」在社會中的一些重要功能

課前準備和所需教材

故事本「泡泡伯與菲菲：第一章」P. 1～9
學習手冊「第一課：什麼是權威」P. 1～17
圖畫紙及蠟筆
剪下故事中的主角人物的紙型讓學生著色；人物圖案原稿在本手冊的附錄中。

課程介紹

✦ 本課會學到的概念 ✦

「學習手冊」P. 1

請全班學生讀這一段的課文，並討論這堂課的「課程目標」。

✦ 本課詞彙 ✦

「學習手冊」P. 2

教師從語境中找出語詞，共同討論並將語詞寫或貼在黑板上，引導學生自行先作詞語的解釋，教師再予以整理歸納後，鼓勵學生口頭造句，評估學生對該語詞的了解程度。

● 權威：有權（right）使用權力（power）去控制他人的行為。
● 權力：控制或影響他人的能力。
● 政府：一群官員，負責為人民制定法律和決策。
● 沒有權威的權力：使用權力，但其實沒有權利這麼做。
● 法律：政府立法部門制定的規則。
● 規則：一種聲明，用來幫助人們行為的指引。

✦ 重要觀念 ✦

「學習手冊」P. 2～6

請學生閱讀權威學習手冊第1～5頁，這一段在幫助學生了解有時候我們做事是基於個人的決定，有時候則是因為別人叫我們去做。

這一課最主要的觀念就是分辨權力和權威。權力是告訴別人該做什麼，讓別人去做，而權威則是使用權力的一種權利，這種權利可能來自習俗、法律、道德原則或他人的同意。這些都是權威的來源。

有時候人們使用權力時根本沒有權利這麼做，我們稱之為「沒有權威的權力」。知道什麼時候是「運用權威」，什麼時候是使用「沒有權威的權力」很重要，因為我們必須了解某個人發出一項指示或命令合不合法，才能決定到底要不要照著他的話去做，這對保護我們的權利很重要。這一課中，學生要學習有權威能做什麼，而第六課則教導我們必須限制一個人的權威，才能避免濫用權威，保護大家的權利。

在確定學生了解這些定義後，請大家回答第5～6頁的問題，這些問題可以幫助學生將觀念和生活經驗連結起來。

■ 你曾經看過什麼人沒有權威卻使用權力嗎？
■ 你曾經看過什麼人運用權威的情形嗎？
■ 為什麼我們需要知道這個人是在運用權威，或是使用沒有權威的權力？

批判性思考

「學習手冊」P. 6～7

在這項練習中，小朋友要學習「運用權威」、「沒有權威的權力」和「權威的來源」。

（一）把學生分成兩人一組，進行分組活動。

（二）請學生討論第6～7頁的問題1～6。

（三）學生完成後，請各組和全班分享答案。以下是學生可能的回應：

1. 路易說：「我要插隊，讓開！」

路易在使用「沒有權威的權力」，他沒有權利命令別人讓他插隊。

2. 莉塔的爸爸說：「請你帶小狗去散步。」

莉塔的爸爸是「運用權威」，這項權威來自於習俗，這是長時間以來我們認可的父母角色，這項權威同時也來自法律的規定。在某些狀況下，家長的權威也來自道德原則，也就是對是非對錯的認知。

3. 十字路口導護義工說：「你現在可以過馬路了。」

這位導護在「運用權威」。學校必須保護學童的安全，這份權威被授予導護人員，而[1]交通法規也有授權給十字路口的導護人員這麼做。

4. 彼得說：「如果你不把作業交出來，放學後就走著瞧！」

彼得「沒有權威卻在使用權力」，此外，彼得的要求還帶著威脅要傷害對方，他根本沒有權利去向別人要作業或威脅別人。

5. 保羅教練說：「比賽結束，大家請離場！」

教練保羅在「運用權威」，他的權威來自學校和法律規定。

6. 警察說：「開車時必須繫上安全帶。」

警察在「運用權威」，這項權威的來源是法律。法律授權警察人員在特定的狀況下告訴民眾該怎麼做。警察也有執行法律的權威，在大多數的國家都有乘車要繫安全帶的法規。制定法律的權威由憲法授與立法機關，而最終的權威則來自於人民的同意，願意接受憲法的規範管理。

---

1 參照「現行道路交通管理處罰條例第4條：駕駛人駕駛車輛或行人在道路上，應遵守道路交通標誌、標線、號誌之指示、警告、禁制規定，並服從執行交通勤務之警察或依法令執行指揮交通及交通稽查任務人員之指揮。」除交通警察、義交，獲主管機關核可的導護人員始有權指揮交通。

運用和技巧評估

展示學習成果

「學習手冊」P. 7

這是一項評估活動，發給每個學生圖畫紙和蠟筆，請學生畫兩幅畫，第一幅畫出關於有人「沒有權威卻使用權力」，第二幅畫是有人真正「運用權威」。和全班分享大家的作品。

閱讀、複習和討論

「泡泡伯與菲菲」P. 1～9
「學習手冊」P. 8～10

＜泡泡伯與菲菲＞的故事

「泡泡伯與菲菲第一章」幫助學生了解在沒有規則或沒有權威的狀況下，人們的生活會很困難甚至很危險。學生必須知道權威對我們的社會、社區、學校和班級很重要，有些權威在社會中具備了維持秩序和安全、保護財產、公平分享事物、和平公義的解決紛爭及保護重要權利（例如：表意自由）的功能。

很多班級都會規定發言前要先舉手，這條規則有助於維持班上的秩序，在班級討論的時候，把時間公平的分配給想要發言的同學，並保護每位同學發表想法和意見的權利。

頁面邊緣出現的泡泡圖示，代表故事的重點所在。第一章有四個討論重點，第一個重點在第6頁，是關於「沒有權威卻使用權力」的狀況：有些泡泡人看到想要的東西就直接拿走，有些泡泡人吃很多他們根本不需要的食物。第二個討論重點在第7頁，泡泡國急需解決的所有問題。另外兩個討論重點則分別在第8頁和第9頁，引導學生思考規則以及權威的人士有什麼作用。

■ 第一章的討論重點請參考學習手冊第8頁的問題：泡泡人遇到什麼難題？

■ 他們用了什麼方法來解決這些難題？

課程介紹

■ 你曾經遇見類似的難題嗎？是什麼樣的問題？

接著，向學生介紹故事的第一章內容並作簡單的說明，你可以大聲的朗讀這個故事或請學生輪流大聲唸各段落。

> 請讀至「泡泡伯與菲菲」故事本第6頁的討論重點

這個討論可以幫助學生了解在一個沒有規則或法律，也沒有任何權威人士的地方會發生什麼狀況，讓學生體會為什麼一個社會需要權威。

請學生回答「學習手冊」第10頁的問題。以下是一些可能的回應：

■ **泡泡人遇到什麼難題？**

泡泡國的牆壁愈來愈薄，空氣的溫度下降，泡泡國的工廠污染空氣，骯髒的空氣阻擋了溫暖陽光的進入泡泡裡，溫度下降使泡泡國開始萎縮。

泡泡國人民的生活方式造成國家的環境問題，他們的工廠製造污染。因為沒有規則，人們隨心所欲任意妄為，他們不願互相分享資源，這些都是「沒有權威卻使用權力」的實例。泡泡國的人們在任何事上都得不到共識，他們只是一直吵架和生氣。

在泡泡國，完全沒有權威、沒有規則、沒有領導人能引導泡泡國人民。

■ **他們用了什麼方法來解決這些難題？**

有些泡泡人建議制定可能可以解決問題的規則，波兒提議選出一些領導人，教導大家該怎麼處理。

你可以和學生討論社會中設置權威職位和規則的目的，這個部分可以參考「學習手冊」第10頁的「重要觀念」。

■ **你曾經遇見類似的難題嗎？是什麼樣的問題？**

學生可能會提出一些學校裡的例子，例如：走廊上的垃圾，是因為沒有規則或沒有權威的人來解決問題。他們也可能會提出班上的例子，像是沒有規定或沒有人來規劃關於分配事物的問題。接受任何合理的回應。

✎ 角色扮演活動 ✎
（自行選擇）

在結束第一章之前，故事中的主角人物問：「為什麼我們需要規則？」和「為什麼我們需要領導者？」你可以讓學生自己或是用紙偶角色扮演這個情境。故事主角人物的紙偶圖像在本手冊的附錄中，請學生剪下來塗上顏色，再進行角色扮演。

批判性思考

◊ 重要觀念 ◊

「學習手冊」P. 10～14

　　這一部分的內容幫助學生了解權威在社會中的功能。權威有以下幾項功能：權威能保障我們的安全、能讓我們公平的分配事物、幫助我們保護財產、幫助我們和平的解決紛爭，以及維護秩序。了解這些功能，學生便能明白為什麼我們需要規則和法律，也需要有人擔任權威職位來執行法規。在第六課中，學生會學到在運用權威的同時可能會產生的問題，例如濫用權力。

　　請全班一起閱讀權威的每一項功能和範例，再請學生從自己的生活經驗中找一些例子。例如，家中有規定上床睡覺的時間，能幫助孩童保持健康的身體；又如，規定開車不准超速，能讓大家都安全。

◊ 解決問題 ◊

「學習手冊」P. 15

　　請學生一起看書上的插圖並建議解決的方法。「學習手冊」第15頁這幅圖顯示沒有權威會發生什麼狀況，其中包含了上述「重要觀念」中提出的重點。

　　這幅插畫顯示出來的是一個教室裡沒有規則的狀況，也沒有一位可以告訴學生該怎麼做的人，圖畫中沒有秩序、不安全、物品被破壞、重要的權利不受保護（例如：學習的權利），也沒辦法和平又公平的解決紛爭。

　　鼓勵學生對制定規則和設置權威職位提出建議，來幫助這個虛擬的教室解決眼前的問題。

運用和技巧評估

　　請學生仔細看「學習手冊」第16～
17頁這兩頁上的插圖，找出其中有哪些
問題。說說看為什麼他們想解決問題，
以及他們可以採取哪些步驟。請學生和
大家分享自己的想法，以下是幾個可能
的回應：

■ **所有的小孩都搶著玩溜滑梯。**

　　這是屬於分享的問題，所有的小孩
在同一時間都想玩溜滑梯，如果不加以
處理，可能會讓孩子們在遊樂場爭執得
更嚴重，更有可能因為混亂沒有秩序而
讓孩童受傷。

　　學生可能會建議訂一條規則要大家
排隊輪流玩溜滑梯，也可能建議設立一
位權威人士，例如：遊樂場的管理員負
責監督溜滑梯的使用。

■ **瑞克認為自己安全上壘，凱倫卻說他
出局了。**

　　一群孩子在打棒球，問題是瑞克
和凱倫無法同意究竟瑞克是安全上壘還
是應該出局，除非這個基本爭議獲得解
決，他們兩個人都無法繼續再打下去。

　　學生可能會建議需要一個裁判用和
平公正的態度來做決定。

■ **學校旁邊的十字路口常常大塞車。**

　　問題在於太多車輛同一個時間要
通過這個路口，目前沒有適當的交通規
則幫助人車通過這個路口，這對駕駛人
和行人都不安全，很可能讓人們身體受
傷，也可能造成財產的損失。

　　學生可能會建議訂立交通規則，以
及建議市府官員設置交通號誌、安排交
通警察或由警衛在十字路口指揮交通。

延伸學習

♬ 課後活動 ♬

「學習手冊」P. 17

　　第17頁的活動將學習延伸運用到課堂之外，你可以請同學們完成其中一項或多項活動，然後和全班分享成果。

Lesson ②

如何判斷規則的好壞？

課程概述

　　這一課介紹一組問題用來評估規則的好壞。學生將檢視一系列的規則並找出缺點。藉著分析例子裡的缺點，學生可以歸納出好規則的特性。在解決問題的活動中，學生可以運用這些問題來創造好的規則。

課程目標

上完這一課後，學生應該能做到下列各事項：
■ 找出一項規則的缺點
■ 說明好規則的特性
■ 創造一個好規則

課前準備和所需教材

故事本「泡泡伯與菲菲：認識權威 第二章前段」P. 10～17（第二章後段將在第三課繼續討論）
學習手冊「認識權威，第二課：如何判斷規則的好壞」第P. 19～30
發給每位學生一份「實用好規則」思考工具表影本，原稿在本手冊的P. 65。
讓學生為故事人物圖像著色，圖像原稿在本手冊的附錄中。

課程介紹

✦ 本課會學到的概念 ✦
「學習手冊」P. 19

請學生讀第19頁「本課會學到的概念」，並討論這一課的「課程目標」。

✦ 本課詞彙 ✦
「學習手冊」P. 20

教師從語境中找出語詞，共同討論並將語詞寫或貼在黑板上，引導學生自行先作詞語的解釋，教師再予以整理歸納後，鼓勵學生口頭造句，評估學生對該語詞的了解程度。

● 地方政府：一群官員，負責為住在某個地區，如城市、鄉村或城鎮的人制定法律和決策。

✦ 重要觀念 ✦
「學習手冊」P. 20～23

學生學到建立規則是一種運用權威的方法，規則會指引我們的行為。這部分的內容幫助學生了解哪些人會訂定規則。爸爸媽媽會訂定規則，學校老師會訂定規則，我們選舉出來的地方和中央政府特定職位的人會訂定的規則（法律）。學生自己在家裡、班級或學校玩遊戲時，也會訂定規則。

請學生應用後面的問題，說一說：家長、老師或學生自己訂定的規則的例子。請學生再進一步說明為什麼這些人需要訂定規則，協助學生連結這些規則和第一課中討論過的權威的功能。

■ 你曾參與過哪些規則的制定？

玩遊戲總是需要規則，班級常常需要學生參與規則的制定。

■ 你的老師訂了哪些規則？

學生應該能清楚的說出老師的各項規定。

■ 你居住地的地方政府制定哪些規則或法律？

學生或許需要協助才能了解地方政府會制定[2]法律、命令和規定來處理以下各相關事項：清理垃圾、都市計畫、核發執照、動物管理、安全標章等等。

---

2 在臺灣，由地方政府制定者屬「自治法規」。例如：臺北市樹木保護自治條例、桃園縣攤販管理自治條例、屏東縣校車管理自治條例。

課程介紹

「泡泡伯與菲菲：認識權威」
故事本 P. 10～17
「學習手冊」P. 19～20

＜泡泡伯與菲菲＞的故事

第二章的前半段說明當我們制定規則時，要確定這是好規則。學生從學習手冊的練習中會學到確定是好規則的各個評估項目。好規則要能達成制定的目的，必須公平、清楚、容易了解，並且切實可行。此外，好的規則不能限制人們重要的權利和自由。在這一課中，我們必須記得並不是每一個問題都需要靠制定規則來解決，有時候我們會為了訂規則而訂規則，其實可能還有其他更適當並對基本權利和自由更少限制的解決方法。

完整介紹第二章並讓大家看一些插圖。規則會引導到關於領導者的討論，學習手冊把關於領導者的主題放在下一課「**應該如何選擇領導者？**」

第二章有四個討論重點，前兩個重點和規則有關，也是這一課的內容，後兩個重點則是關於領導者或是擔任權威職位的人士，將在下一課討論。請大聲朗讀這一段的故事內容，或是讓學生輪流朗讀各段落。

閱讀與討論＜泡泡伯與菲菲＞故事本的第14頁

故事本第14頁的第一項討論重點是配合「學習手冊」第24頁的問題，請學生分析故事中的規則，判斷是不是好的規則。

在討論中，學生必須了解一個重要觀念，就是並非所有的規則都是好規則，好規則必須具備一定的條件，在故事中提到好規則的條件有公平、清楚、容易了解，「學習手冊」中還會談到其他的條件。

故事的這個部分同時強調公民參與社區做決定的過程。泡泡國的人們提出建議，討論怎麼樣的規則是好規則，決定哪一些規則對泡泡國最有利。他們選出認為能解決問題的規則，然後同意遵守這些新規則。在這一章的後面，泡泡國人民參與選舉國家的領袖，所有的公民將他們一直爭來爭去的個人利益擺在一邊，學習一起努力為社區的共同利益打拼。

請學生回答「學習手冊」第20頁的問題。以下是學生可能提出的答案：

■ **泡泡國的人民訂了哪些規則？**
任何人都不准製造垃圾。

每個人都必須把自己的垃圾拿去垃圾場丟掉。這可能是故事中符合好規則

條件的一項，不過，這個規則也有可能造成不公平的狀況，因為每個人丟垃圾的方法或[3]能力都不一樣，特別是住在都市地區的人們。

中餐只能吃一份三明治。

任何人都不准販賣糖果、冰淇淋和蛋糕。

大家都只能吃紅蘿蔔、豌豆和草莓。

■ **你覺得泡泡人訂的規則好嗎？為什麼？**

所有的規則都有缺點，有些規則根本無法執行，有些不能解決問題，有些不公平，有些則侵犯了重要的權利（例如：隱私權或是對自己身心健康的決定權）。

故事中一位泡泡人說：「我被搞糊塗了，我怎麼知道哪些規則是最好的？」請全班討論這個問題，並提出好規則應該具備哪些條件，故事中提到的條件有公平、清楚明白和容易了解。

角色扮演活動

（自行選擇）

教師可以讓學生角色扮演故事書第15頁的情境：一位泡泡人問：「我怎麼知道哪些規則是最好的？」在這本手冊的附錄中有故事主角人物的圖像，請學生先著色，然後剪下這些人物紙偶來進行角色扮演，並請學生提出他們認為好規則應具備的特性。

重要觀念

「學習手冊」P. 25

「學習手冊」中提出有助於我們分析一個規則是不是好規則的一組問題，和學生一起回顧這些問題，然後用這些問題來分析下面的練習。

● 規則的內容是什麼？
● 為什麼需要這項規則？
● 有了這項規則之後可能發生什麼事？
● 這項規則有問題嗎？
● 你會遵守這項規則還是加以改變或廢除？為什麼？

---

3 1.有些人可能力氣或工具不夠。2.垃圾場可能離都市較遠，沒有那麼方便，或是有些人沒有辦法把垃圾運過去丟。

批判性思考

請學生討論並分析以下的五項規則，運用前述以及「學習手冊」第25頁的問題來引導討論，用所有的問題來檢查每一項規則，就可以看出每一項規則都有缺失，請學生把回應記錄在表格中。

討論怎樣才是好的規則後，發給每位同學一張「實用好規則」思考工具表，表格範本在本手冊的附錄中，「學習手冊」第28頁也有相同的表格。

請學生先完成左欄「這項規則有什麼問題？」再進行右欄「好的規則應該……」，完成這個表格後，學生可以發現一個好的規則應具備的五項特性。

還有一項重要的好規則特性並沒有在這項練習中提及，這項特性是規則不能任意侵犯重要的權利和自由。例如，有一項規則規定：「在第十街騎腳踏車時不准說話。」就是不必要的限制了兒童的表意自由。如果教師認為有需要，也可以把這個概念加入討論。

假設這項規定的目的是要保障兒童在第十街騎車時的安全，請大家制定一個能達到這個目的的規則，也有可能規則並不足以解決問題，或許還要加設交通號誌警告駕駛人有兒童在附近，必須將時速限制到20公里以下，或者需要交通警察來控管第十街的交通狀況。

本活動僅需練習分辨是否具備好規則的特性：

1. 所有騎腳踏車的人都必須戴宴會帽。
- 這個規則對保障第十街兒童的安全沒有任何效果。
- 這項規則的缺點是根本沒有達到保障安全的目的。

2. 只有名字叫泰莉或山姆的小孩，才能在第十街上騎腳踏車。
- 這項規則的缺點是不公平。
- 這項規則不公平，歧視名字不叫泰莉或山姆的小孩。。

3. 唯色艷之腳踏板車得行於通衢。
- 這項規則的缺點是大家根本看不懂。
- 這項規則的用語對大多數人而言幾乎無法理解。

4. 車輛在第十街上行進時應維持適當的速度。
- 這項規定的缺點是不夠清楚明確。
- 什麼是「適當的速度？」一項好規則必須明確規範，像是第十街的速度限制。

5. 兒童騎腳踏車時必須保持時一百二十公里，並且在汽車的前方。
- 這項規則的問題是根本無法執行。
- 沒有人可以在馬路上騎腳踏車騎出一百二十公里的時速。

思考工具表

實用好規則	
這項規則有什麼問題？	好規則應該……
1. 這項規則並沒有針對問題做處理。	針對問題做處理
2. 這項規則不公平	公平
3. 這項規則的內容無法了解	容易了解
4. 這項規則要求的目標不明確	清楚明確
5. 規則要求的事項根本做不到	可以遵行

運用和技巧評估

◎ 展示學習成果 ◎

「學習手冊」P. 28～29

　　讓學生練習自己制定規則。請學生閱讀「教室裡」這則故事，把學生分成兩人一組來制定規則，解決故事中的問題。學生完成各自的規則後，請用前述實用好規則的五項要件檢查規則的內容。請學生說明為什麼認為自己定的規則是好規則，鼓勵其他學生運用「學習手冊」第25頁的問題來分析班上同學提出來的每一項規則。

◎ 課後活動 ◎

「學習手冊」P. 30

　　「學習手冊」第30頁建議的練習活動將學習延伸運用到課堂外，可以請學生完成其中一項或多項活動，然後和全班分享成果。

Lesson ③

應該如何選擇領導者？

課程概述

　　學生會學到身為一個公民必須要選出擔任權威職位的人。選出一個好的領導人是很重要的。這一課可以幫助學生檢視擔任權威職位的責任，以及做好這項工作的條件。

　　學生也會學到用一組問題來分析權威職位。在「解決問題」的練習中，要運用這些問題來選擇擔任權威職位的人。

課程目標

上完這一課後，學生應該能做到下列各事項：
■ 說明為何要謹慎的選出擔任權威職位的人的重要性。
■ 清楚辨認一個權威職位所擔負的責任；一個人要做好這項工作所須具備的條件。
■ 評估一個權威職位的候選人，決定誰是這個職位的最佳人選。

課前準備和所需教材

故事本「泡泡伯與菲菲：第二章」P. 18～P. 19
學習手冊「第三課：應該如何選擇領導者」P. 31～P. 43
影印「最佳人選」思考工具表，表格範例在本手冊的p. 43。

課程介紹

◇ 本課會學到的概念 ◇

「學習手冊」P. 31

請學生讀第31頁「本課會學到的概念」，討論這一課的「課程目標」。

◇ 本課詞彙 ◇

「學習手冊」P. 32

教師從語境中找出語詞，共同討論並將語詞寫或貼在黑板上，引導學生自行先作詞語的解釋，教師再予以整理歸納後，鼓勵學生口頭造句，評估學生對該語詞的了解程度。

● 權威職位：一份工作，承擔這份工作的人有權利做決定並指揮他人做事。

◇ 重要觀念 ◇

「學習手冊」P. 32～35

請學生一起讀這個章節的內容，然後討論第33頁和第34頁的問題。我們常常在選領導者，而這些內容幫助學生了解，當我們**同意**讓特定的人擔任某個權威職位時，其實就是給他權利告訴我們該做什麼。例如，同學們在參加比賽時選一位隊長，在比賽進行中，大家都必須聽從隊長的指令，比賽結束後，隊長的權威也不存在了。在我們所選出來的領導者身上也是一樣。例如：地方、縣市和國家的選舉，這些人在一定期間擔任官職，任期屆滿時，他們的權威也結束了。

領導者們對我們的生活有很大的影響力，我們必須很謹慎的選擇適當人選。接下來，學生會學到一組問題檢視如何選擇適當的人來擔任權威職位。

◇ 閱讀、複習和討論 ◇

「泡泡伯與菲菲」P. 18～19
「學習手冊」P. 36～37

<泡泡伯與菲菲>的故事

第二章最後部分介紹社會中經過選舉出來的領導者的角色。課程中的討論能幫助大家了解在一個社會裡，我們[4]選出一些人來為大家訂定規則，稱為政府的立法機關；[5]選一些人來執行規則，稱為政府的行政機關；。再[6]選一些人來決定如何對待不守規則的人，以及如何處理衝突，我們稱之為政府的司法機關。

故事本這個部分有兩個討論重點，這兩個討論重點是配合「學習手冊」第36～37頁的問題。

---

4 指選舉。
5 指用選舉或挑選、選擇的方式。例如：I. 選舉縣、市長。2. 縣市長任命局處首長（選擇或挑選）。
6 不是選舉，是透過考試挑選出來的。

課程介紹

給學生看插圖並複習第二章後半段的故事，大聲朗讀這一段的故事內容，或是讓學生輪流朗讀各段落。

> 閱讀與討論＜泡泡伯與菲菲＞故事本
> P. 18～P. 19

這些討論有助於學生了解好的領導者非常重要，因此必須謹慎的選擇領導者。要選出好領導者，我們必須知道希望這位領導者做什麼工作（權威職位）。接下來，我們需要知道能擔任這個工作或權威職位的人，要具備哪些資格，例如：專業知識或技能。此外，我們要想想哪些個性或特質比較適合這個職位，例如：開放的胸襟、足智多謀等。

故事本第18頁中提到：「要怎樣選出最適合這項工作的人呢？」一旦我們了解權威職位，以及要做好這項工作所需的特質，就能在爭取這項工作的人選之間做比較，然後決定誰最適合擔任這項工作。

請學生回答學習手冊第36頁的問題，以下是學生可能提出的回答：

■ **誰被選為泡泡國的領導者？**
● 提出候選人的名字，由人民投票。
● 泡泡人選出費希醫生、芭絲、葛比、沙斯和泡泡伯擔任領導者。

■ **這些領導者有哪些工作？**
● 費希醫生、芭絲和葛比被選出來在需要時制定新的規則。
● 沙斯被選出來察看人們有沒有遵守規則。
● 泡泡伯被選出來判定該怎麼樣處理不遵守規則的人，在人們發生爭執時，泡泡伯有解決爭端和衝突的權威。

■ **你認為要做好這些工作需要具備什麼條件？為什麼？**

所有的領導者都必須知道怎麼和人民說話，以及怎麼傾聽人民的意見。

負責制定規則的領導者必須知道社區中存在哪些問題，要有能力決定這些問題能不能用立法的方式處理，必須能制定好的規則，必須願意妥協，必須保持公平的態度。（這或許可以推論費希醫生、芭絲和葛比具有這樣的特質。）

負責執行規則的領導者必須嫻熟規則、知道自己權威的範圍，具備特殊的技巧，能執行規則卻不濫用權威，還有公正、誠實、值得信賴。（這或許可以推論沙斯具備這樣的特質。）

負責解決爭端的領袖必須嫻熟規則，知道最恰當的制裁方式，也必須遵守一定的程序，例如：讓被指控的一方有機會為自己說話、詢問證人等，必須公平──不能偏袒某一方或某些人。領導者必須知道如何解決紛爭卻不濫用權威。

（這或許可以推論泡泡伯有這樣的個性，但是後來泡泡國人卻發現他們錯了。他們沒有對這些選出來的人的職權設限，因而必須面對泡泡伯濫用權威的狀況。）

還可能有很多關於各個職位的描述，接受所有合理的回答。

請學生閱讀書中的四個步驟，並複習前半段的內容。在選擇某個人擔任權威職位時，提問題是很有用的方法，這些問題也可以在本手冊附錄「最佳人選」的表格中找到。藉由討論，學生會了解選擇領導者並不是誰最受歡迎的競賽。或許上完課後，大部分的學生會忘記這些問題，但卻仍會記得要很慎重的選擇領導者。

第一個問題是分析這個權威職位，也就是工作內容的描述：這個職位有哪些責任？有哪些職權？這個職位的權威受到哪些限制？

第二個問題是分析怎麼樣的人最適合擔任這個權威職位，需要哪些條件？哪些特質？所謂的條件包括能夠勝任這項工作的知識和技能，所謂特質，包括公正、有時間、肯負責任，以及個人性格是否符合工作需要等。

第三個問題是分析候選人或想要爭取這個職位的人，這時需要做兩種比較：第一，比較各候選人與問題二中提到職位需要的條件和特質，找出每位候選人的強項和弱項？第二，我們比較各候選人的條件和特質的組合，找出最適合擔任這項職務的人？這些回答多少會偏向主觀。為了教學的目的，這是一個相當簡化的程序。在真正的選舉中，我們還要考慮各種議題，以及各候選人對這些議題抱持的立場，並比較我們自己的政治理念。

第四個問題是做決定和支持這個決定的理由。

批判性思考

⊘ 解決問題 ⊘

「學習手冊」P. 38～40

　　在這個練習中，學生將決定誰是特定權威職位的最佳人選。請大家讀「誰來照顧我」的故事，發給每位同學一份「最佳人選」的思考工具表，表格的原稿在本手冊的附錄中。請學生複習學習手冊第38頁「解決問題」第一段內容，然後讓他們分組完成表格中的問題。

　　學生完成後，請和全班分享個人或各組的分析和決定，鼓勵他們說出決定的理由，可能的理由列在下一頁的表格中。

運用和技巧評估

⊘ 展示學習成果 ⊘

「學習手冊」P. 40～42

　　這個練習要請學生演一齣戲：要進行班級選舉，選出一位學生擔任班級的領導者。請學生閱讀「班長」的故事，發給學生一人一張「最佳人選」的表格，表格在附錄中。將學生分組來完成表格上的問題，學生可能的回答列在本手冊第43頁。

　　老師可以挑選學生扮演故事中的教師和各候選人，也可以讓學生四人一組來發展各個角色。各組可以自己創造台詞來演戲，最後和全班一起討論各組的結局。

延伸學習

⊘ 課後活動 ⊘

「學習手冊」P. 43

　　第43頁建議的練習活動將學習延伸運用到課堂之外，你可以請學生完成其中一項或多項活動，然後和全班分享成果。

思考工具表

最佳人選	
步驟一：這項權威職位的內容是什麼？	照顧者
■ 我們想要擔任這項職位的人做些什麼？	我們希望這個人能照顧瑪莉和卡洛兩天，因為他們的爸爸媽媽要出門。
■ 這個人會有哪些職權？	這個人會有權威要求孩子們守規矩。
■ 這個人沒有哪些職權？我們不想要這個人做哪些事情？	這個人無論如何都不能傷害孩子們。
步驟二：我們想要找到什麼樣的人？	這個人應該要公正、負責任，應該要有照顧小孩的經驗，還必須喜歡孩子們。
■ 這個人應該具備哪些知識？	這個人應該知道五歲和七歲孩童的需要，並知道如何照顧他們。
■ 這個人應該有哪些能力？	這個人應該會為孩子們準備適當的餐點，並能在孩子不守規矩時加以規範。
步驟三：有誰想要這項職位？	葛梅家考慮僱請擔任照顧者的人選有安表姐、沛卓先生和桑雪太太。
■ 他是否具備完成工作所需的條件？	安對孩子們很好，會帶孩子們玩。 沛卓對孩子們也很好，會和他們玩遊戲，講故事給他們聽，能讓孩子聽他的話，他能把工作做得很好。 桑雪太太做事仔細，很會做飯，帶孩子的經驗豐富，因為她自己的小孩都比較大。她能讓孩子們聽話。
■ 有哪些事情可能阻礙這個人去盡自己的責任？	安才十五歲，只和孩子們相處過一次，而且時間也很短。 沛卓讓孩子們吃垃圾食物，似乎表示沛卓不會煮飯給他們吃。 桑雪太太對孩子很嚴厲。
步驟四：決定誰是最佳人選你的選擇為何？為什麼？	基於上述的分析，學生必須決定誰最適合這項工作。

最佳人選	
步驟一：這項權威職位的內容是什麼？	班長
■ 我們想要擔任這項職位的人做些什麼？	一週開一次班會。 為班上計畫活動。 在學生會議上表達班上同學的想法。 向同學回報學生會議的內容。
■ 這個人會有哪些職權？	決定休息時間的遊戲。 頒獎給同學。
■ 這個人沒有哪些職權？我們不想要這個人做哪些事情？	只選自己的朋友來指揮遊戲。 只讓自己的朋友發言。
步驟二：我們想要找到什麼樣的人？	在這部分，學生必須指出希望怎麼樣的人來當班長，以下是學生們可能提出的答案：
■ 這個人應該具備哪些知識？	知道主持會議的規則。 知道學生會議的運作。
■ 這個人應該有哪些能力？	應該代表團體說話。 要能籌畫各種遊戲。 做事應該公平、必須勇於負責。 必須有時間做這個職位的工作。 （接受所有合理的回答）
步驟三：有誰想要這項職位？	班長的候選人有法蘭克、莎莉和泰勒。
■ 他是否具備完成工作所需的條件？	法蘭克是好學生，天天來上學，有很多朋友，他的姊姊是班長，可以幫忙法蘭克。 莎莉很能傾聽別人的心聲，大家都喜歡她。 泰勒對每個人都很友善，會逗人開心，喜歡和別人在一起，有很多好點子，也有當班長的經驗。
■ 有哪些事情可能阻礙這個人去盡自己的責任？	法蘭克沒有當過領導者。 莎莉很忙，又是樂團的團員，又是足球校隊，早自習時間和下午都要練習。 這裡似乎暗示泰勒在學校不太認真，喜歡搞笑，雖然他有很多朋友，也有人認為他很喜歡指揮別人。
步驟四：決定誰是最佳人選你的選擇為何？為什麼？	根據對這個職位的分析，以及要勝任這個工作必須具備的資格或特質，比較各候選人，學生們必須決定誰最適合這項工作並說明理由。

Lesson ④

要不要運用權威？

課程概述

在這一課中，學生會明白只要運用權威，就必定會產生一些結果，其中有的是利益（好處），有的是代價（壞處）。學生要知道運用權威最常見的利益和代價，也練習辨認各項結果，並加以區分是利益還是代價。在「解決問題」的單元，學生要用利益和代價的觀念決定是否運用權威來解決某一個問題。

課程目標

上完這一課後，學生應該可以做到下列各事項：
■ 辨別運用權威的利益（好處）和代價（壞處）。
■ 應用利益和代價的觀念，決定在某個特定狀況中是否運用權威。

課前準備和所需教材

故事本「泡泡伯與菲菲，第三章」P. 20～27
學習手冊「第四課：要不要運用權威？」P. 45～55
影印並發給每位學生一份「利益和代價」思考工具表，P. 68。
先為故事主角人物的圖像上色，圖像原稿在本手冊的附錄中。

課程介紹

✿ 本課會學到的概念 ✿

「學習手冊」P. 45

請同學們讀學習手冊第45頁的「本課會學到的概念」，並討論這一課的「課程目標」。

✿ 本課詞彙 ✿

「學習手冊」P. 46

教師從語境中找出語詞，共同討論並將語詞寫或貼在黑板上，引導學生自行先作詞語的解釋，教師再予以整理歸納後，鼓勵學生口頭造句，評估學生對該語詞的了解程度。

● 利益：因一項舉動而發生的好事。
● 代價：因一項舉動而必須放棄的事物。

✿ 重要觀念 ✿

「學習手冊」P. 46～48

請學生閱讀第46~48頁的內容，經由討論，學生應能了解每當有人運用權威，就會產生一些結果，有些結果是利益，對我們有好處，例如：問題會得到解決。有些結果是代價，是我們必須捨棄或犧牲的，例如：時間、金錢或自由。當我們想制定新規則或創設新的權威職位時知道會有哪些潛在的利益和代價是很重要的。這會幫助我們決定究竟要不要制定新規則或創設新權威職位。

請學生回答學習手冊第47~48頁的問題：

● 你們在家裡或是學校必須遵守什麼規定？
● 這項規則帶來什麼好處？
● 這項規則製造了哪些問題？

✿ 閱讀、複習和討論 ✿

「泡泡伯與菲菲」P. 20～27
「學習手冊」P. 48～49

＜泡泡伯與菲菲＞的故事

第三章介紹了結果的觀念，當我們用權威來解決問題，一定會出現一些結果，例如：泡泡人在前面制定了新規則，泡泡國的空氣漸漸變回乾淨和溫暖，泡泡牆也愈漸明亮，泡泡國開始向天空升高，泡泡人覺得更安全、快樂，他們比較少吵架，更願意彼此分享。這些都是大家訂新規則帶來的利益。

這些新規則也帶來另一些影響，泡泡人必須花錢和時間去買垃圾桶、把垃圾拿到垃圾場傾倒；有人覺得較不自由，他們可以吃豆子、紅蘿蔔和草莓，但不能吃蛋糕或冰淇淋；不准賣糖果，因此，如果有人違反規定就會導致訂更多的規則。這些都是設立規則要付出的代價。

第三章有五個討論重點,前兩個重點是關於泡泡人訂定規則後帶來的影響;第三和第四個重點是芭絲提議的新規則會有的利益和代價;最後一個討論重點則是讓學生決定要不要採納泡泡人提議的新規則。

閱讀<泡泡伯與菲菲>第20頁、21頁、25頁、26頁、27頁的討論重點

這裡的討論是幫助學生分析泡泡人訂規則的結果,了解利益和代價的觀念。請學生回答學習手冊第49頁的問題,以下是一些可能的答案:

■ **制定這條新規則後可能發生什麼好事情?**

芭絲在故事本第25頁提出的新規則是:「泡泡國內不可以製造糖果。」

記得前一條規定嗎?

「泡泡國內不准販賣糖果。」

新規定能讓空氣清淨,防止泡泡繼續下沈,人們會更健康,也可以省下買糖果的錢。

接受任何合理的推論,但是必須導向這條規定帶來的好處。

■ **這項規定可能會引發什麼問題?**

人們沒有想做什麼就能做什麼的自由,可能被迫放棄一些樂趣(吃糖),可能必須僱請更多警察來執行新規定,然後還得監督警察們的工作;皮皮的工廠會關門,他會失業,沒事可做。

接受任何合理的推論,但是必須導向這條規定帶來的壞處。

■ **你認為故事中的領導者應該訂這項規定嗎?為什麼?**

學生必須在衡量潛在的利益和代價之後,決定要不要採納這項規則,並說明理由。

角色扮演活動

(自行選擇)

在第三章結束時,故事的主角們決定要不要採納不准製造糖果的新規定。可以讓學生演出這個故事。故事主角人物的圖案原稿在這本手冊的附錄中,可以先請學生為這些人物著色,再用來進行角色扮演。

重要觀念

「學習手冊」P. 50~51

請學生閱讀這個章節,內容是討論運用權威的利益和代價。當我們想要解決一個問題時,要先思考想要達成的目標,再進一步思考會牽涉的利益和代價。

老師可以在學生閱讀時，將運用權威的利益寫在黑板的一邊，像是：有助於維護我們的安全、協助我們維持秩序、讓我們能公平分配事物、有助於解決紛爭、有助於保障我們的權利；將運用權威的代價寫在黑板的另一邊，像是：我們不能再隨心所欲、可能必須花錢請人來擔任權威職位、必須確認並不是所有的工作都交由有權威的這個人來做、必須監督有權威的人，避免他們不公正地使用權力。

◍ 解決問題 ◍

「學習手冊」P. 52～53

在這項練習中，學生要用先前學到關於權威的利益和代價的觀念來解決一個問題。請大家讀「學校餐廳的問題」：這個學校的校長想請一位幫手來監督管理餐廳午餐時間的工作，在做決定之前，校長先徵求學生們的意見。

發給學生一人一份「利益和代價」思考工具表，表格在本手冊附錄中。請學生複習學習手冊第52頁「解決問題」第一段內容，然後讓學生分組，回答表格上的問題，並和全班一起分享各組的答案，以及說明決定是否雇用助理的理由，第51頁表格有一些學生可能的回答可供參考。

運用和技巧評估　　延伸學習

⚡ 展示學習成果 ⚡
「學習手冊」P. 54

　　這是個別的評估活動，老師為美術課提一個新的規則，學生必須決定要不要接受這個新規則。發給學生一人一份「利益和代價」思考工具表，表格原稿在本指導手冊附錄中。學生完成後，請和全班一起分享個人的決定，並說明決定的理由。以下是一些學生可能的回答可供參考。

⚡ 課後活動 ⚡
「學習手冊」P. 55

　　第55頁建議的練習活動將學習延伸運用到課堂之外，你可以請學生完成其中一項或多項活動，然後和全班分享成果。

思考工具表

利益和代價		
解決方案是什麼？	訂一條新規則： 教室沒有清理乾淨不能下課。	
這個解決方案會帶來什麼結果？	是利益嗎？	是代價嗎？
1. 教室會比較乾淨。	✔	
2. 會減少平常就把自己座位整理乾淨的同學的下課時間。		✔
3. 學生會學到更負責任。	✔	
4. 學到每個人都有責任維持教室的整潔。	✔	
5. 學生們不能想做什麼就做什麼。		✔
6. 雪萊老師的下課時間也減少了。		✔
7. 整潔的教室，會更安全。	✔	
8. 大家會以身為這個班級的一份子為榮。	✔	
你會怎麼做？為什麼？	接受任何合理的回答，同學們應該要有充分的理由來做決定。	

思考工具表

利益和代價		
解決方案是什麼？	請助理	
這個解決方案會帶來什麼結果？	是利益嗎？	是代價嗎？
1. 孩子們可以快點拿到餐點。	✔	
2. 每個人都會有充足的用餐時間。	✔	
3. 孩子們在午餐時間沒辦法隨心所欲的做想做的事情。		✔
4. 請助理要花錢。		✔
5. 餐廳會比較安全。	✔	
6. 餐廳會比較乾淨。	✔	
7. 餐廳會比較整齊。	✔	
8. 新來的助理可能對學生們很兇，這似乎暗示新來的助理有可能濫用權威，校長應該要監督新助理。		✔
你會怎麼做？為什麼？	根據思考工具表的分析，接受任何合理的回答。	

註：為了讓這堂課保持在學生可以理解的程度，建議老師將討論聚焦在解決故事中餐廳的問題上。 在這裡可以先不討論決定運用權威解決問題時，其他可能的價值和利益。像是我們重視兒童的安全和自由，因此必須考量是否要限制人們的行為來避免濫用權威，還有學校必須考量預算是否能負擔這筆支出，這可能影響是否聘請新員工的原因等。

Lesson 5

如何運用權威解決故事中的問題？

課程概述

　　學生運用先前所學權威的利益和代價來評估、支持或反對學校提出穿制服的新規則。

　　學生分成幾個小組分別表示贊成或反對這項規則提案。

課程目標

上完這一課後，學生應該可以做到下列各事項：
■ 運用利益和代價的觀念來評估社區中關於權威的問題。
■ 採取立場並為自己的立場辯護，運用利益和代價的觀念來解決權威的爭議。

課前準備和所需教材

學習手冊「第五課：如何運用權威解決故事中的問題？」P. 57～62

「利益和代價」思考工具表影本，原稿請參見本手冊P. 68。

課程介紹

本課會學到的概念

「學習手冊」P. 57

請學生讀手冊第57頁「本課會學到的概念」，並討論本課的「課程目標」。

這一課要運用權威的「利益和代價」來解決問題，並以角色扮演來演出學校裡發生的事件。如果學生沒有演戲的經驗，教師必須花些時間先說明角色扮演的目的，並教導學生如何準備這些角色。

參與班級活動

「學習手冊」P. 58～59

請學生先讀第58頁第一段引言，再閱讀「別再穿牛仔褲」的故事。在討論故事的內容和問題後，發給學生一人一份「利益和代價」思考工具表，表格在本手冊的第68頁。表格中的問題是依據第四課學到的概念，幫助他們分析並準備每個角色的立場。

活動準備

「學習手冊」P. 60～61

和學生一起複習活動準備的指示，讓每位學生都熟悉表格上的各個問題。把

全班分成五個小組，並分配下列各角色：

第一組：學生委員會

第二組：贊成這項規定的同學

第三組：反對這項規定的同學

第四組：贊成這項規定的家長

第五組：反對這項規定的家長

給同學們足夠的時間完成各組的表格，並準備在會議中要說的內容。鼓勵學生把寫在表格上的想法發表出來，第54頁有可能的參考答案。請注意各組學生必須從所扮演角色的角度來思考問題，因此各組回答應該會有不同。

進行活動

「學習手冊」P. 61～62

複習各項指示，在活動進行之前，請先將教室的座位排成適合會議的位置。

由學生委員會主席宣佈會議開始，每一組向委員會提出報告，接著委員會應該提出問題，沒有報告的學生必須負責回答問題。

教師可以請一位學生擔任計時員，每一組報告的時間大約是3～4分鐘，問答的時間則是5～6分鐘。

最後，學生委員會必須討論各組辯論優缺點，投票決定是否採納這些新規定，然後向大家宣佈所做的決定，並說明理由。

深入討論

深度討論

「學習手冊」P. 62

　　「深度討論」中的問題是幫助學生反思進行的過程、評估各小組的決定。讓學生自由發言，說說看是否同意各組的決定。

利益和代價		
解決方案是什麼？	穿制服上學的新規定	
這個解決方案會帶來什麼結果？	是利益嗎？	是代價嗎？
1. 這個規定會平息同學們應該穿什麼樣的衣服到校的爭議。	✔	
2. 這個規定或許可以防止校園中球鞋或飾品的失竊問題。	✔	
3. 學生們不能穿自己喜歡的衣服來學校，限制了每個人要穿什麼衣服上學的自由。雖然課本中沒有提到這一項爭議，但這項規定會侵犯到人們的表意自由（freedom of expression）。		✔
4. 學校裡每個人看起來都一個樣子。（這是利益還是代價？個人看法不同）	✔	✔
5. 可能會造成不公平，因為其他學校的學生都不用穿制服上學。		✔
6. 學生會比較安全，偷竊事件減少，校園更有秩序。	✔	
7. 學生們不須因為衣著而分心，學習能更有效率。	✔	
8. 學生們必須買制服，這需要花錢。		✔
你會怎麼做？為什麼？		

NOTES

|第六課|
Lesson 6

領導者應該有多大的權威？

課程概述

學生要學習設置「權威職位」應該經過仔細的設計。首先，須具備足夠的能力和資源才能做好應該完成的工作。另外，要學習避免權威的濫用，為權威設定清楚的範圍。這一課中，學生會學到評估「權威職位」的一組問題，以及改善的建議。在解決問題的練習中，學生要學會提出改進的建議。

課程目標

上完這一課後，學生應該能做到下列各事項：
- 說明需要限制權威職位的理由
- 評估一個權威職位的不足之處
- 提出改善權威職位的建議

課前準備和所需教材

故事本「泡泡伯與菲菲，第四章」P. 28～34
學習手冊「第六課：領導者應該有多大的權威？」P. 63～72
發給每位學生一份「領導者的權威」思考工具表，表格原稿在本手冊的P. 69～70。

課程介紹

✿ 本課會學到的概念 ✿

「學習手冊」P. 63

請學生讀學習手冊第63頁「本課會學到的概念」的內容，並討論「課程目標」。

✿ 本課詞彙 ✿

「學習手冊」P. 64

教師從語境中找出語詞，共同討論並將語詞寫或貼在黑板上，引導學生自行先作詞語的解釋，教師再予以整理歸納後，鼓勵學生口頭造句，評估學生對該語詞的了解程度。

● 職責（duties）：擔任權威職位的人必須完成的任務
● 限制（limitis）：位居權威地位的人不可以做的事
● 職權（powers）：為了完成任務，擔任權威職位的人可以做的事

✿ 重要觀念 ✿

「學習手冊」P. 64～66

請學生閱讀學習手冊第64～66頁「領導者應該有多大的權威？」。這裡的討論會幫助學生了解當我們設置權威職位時，也明定這個職位一定的職責和職權。我們會明白指出擔任權威職位的人可以做哪些事情，同時也要保護我們的權利，避免權力被濫用。因此，我們會限制權威職位的職權，而且清楚說明不允許他們做哪些事情。

請運用第65～66頁中的問題，請學生舉出某個人擁有權威職位的例子：

● 你們是否曾選出某人擔任領導者？
● 領導者可以做哪些事情？為什麼？
● 領導者不能做哪些事情？為什麼？

✿ 閱讀、複習和討論 ✿

「泡泡伯與菲菲」故事本 P. 28～34
「學習手冊」P. 67～68

＜泡泡伯與菲菲＞的故事

在第四章中提到如果一個權威職位沒有經過適當的設計，就會發生一些問題，請學生回想故事中當時選出泡泡伯，由他決定如何處置不守規定的人，以及負責解決爭端，但是泡泡人並沒有設定這個職位的權限。

這一章要幫助學生了解，當我們創設一個權威職位時，不只要明定這個權威職位有哪些權力，也必須適當的限制這些權力。一個設計良好的權威職位會讓在位者有足夠的權力來執行工作，卻不會有過多的權力危及別人的權利和自由。

介紹故事第四章的內容和插圖，教師可以自己朗讀故事的內容，或是請學生輪流朗讀故事的各段落。

課程介紹

閱讀<泡泡伯與菲菲>故事本第29、31、33頁的討論重點

配合學習手冊第68頁的問題，這些討論能幫助學生了解擔任權威職位的人也必須遵守規則。如果我們沒有謹慎的設計權威職位，就可能發生很嚴重的問題。

請學生回答學習手冊第68頁的問題，以下是一些可能的回應：

■ 泡泡人遇到什麼問題？

● 有些泡泡人破壞皮皮的工廠，這些人並沒有權利這麼做。（註：伸張正義需要有正當合法的程序。）

● 泡泡伯要人民整天都得穿有泡泡伯圖形的上衣，還命令人們把房屋漆成他自己喜歡的顏色。

● 泡泡人沒有設定這個職位的權限。

■ 泡泡伯的職責是什麼？

● 泡泡伯有權決定如何處置不遵守規則的人，也有解決人們之間的爭執或衝突的權威。

● 泡泡伯有權懲罰破壞皮皮工廠的人，這些懲罰或許太過嚴厲，但是他的權力沒有限制。

■ 你覺得泡泡伯不能做哪些事情？為什麼？

● 泡泡伯不應該有制定新規則的權威，他沒有立法權。

● 泡泡伯沒有執行規則的權威，他沒有行政權。

● 泡泡伯不能發佈與法官職位不相關的命令或規定。

● 泡泡伯不能和別人討論案件，因為這樣可能會影響在法庭中判斷的公正性，違反人們獲得公平審判的權利。

泡泡伯擔任的權威職位應該還受到其他的限制。在討論這些議題時，請配合學生的理解程度，讓他們提出應該如何限制泡泡伯的權威，以及應該要遵守規則的想法。

對年幼的孩童而言，權威職位的限制，就是擔任權威職位的人也必須遵守規則。

有些法庭的判決具有和規則或法律一樣的效力，如果沒有遵守也會受到法律的制裁。不過，在這個年紀的學童，我們不需要提到這麼複雜的觀念。

◢ 角色扮演活動 ◣

（自行選擇）

讓學生角色扮演第四章故事中的各主角，決定怎麼處理泡泡伯要大家穿特定上衣和油漆房屋的問題。人物的圖案原稿在本手冊的附錄中，請他們先著色再剪下來。

重要觀念
「學習手冊」P. 68～70

請學生讀這個章節,討論有關設計權威職位的重要性。在「領導者的權威」思考工具表中,有一組分析權威職位的問題。表格原稿在本手冊的第69～70頁。

解決問題
「學習手冊」P. 70～71

在這裡要練習限制權威職位的權力,請學生閱讀「壘球隊」的故事,故事中隊員們對隊長運用權威的方式感到不滿,想要重新規劃這個權威職位。

發給學生一人一份「領導者的權威」思考工具表,和學生一起複習先前的指示和表格中的問題,可以將他們分成小組來進行這項活動。

學生完成後,和全班一起分享及說明如何重新規劃隊長的職位。

運用和技巧評估　延伸學習

∥ 展示學習成果 ∥
「學習手冊」P. 72

在這項評估活動中，學生要運用所學的技巧來設計一項權威職位。先帶領學生完成練習的各項指示，再發給大家空白的「領導者的權威」思考工具表，最後請全班同學討論分享個人的答案。

∥ 課後活動 ∥
「學習手冊」P. 72

學習手冊第72頁建議的練習活動將學習延伸運用到課堂之外，你可以請學生完成其中一項或多項活動，然後和全班分享成果。

思考工具表

領導者的權威	
什麼職位？	壘球隊隊長
為什麼需要這個職位？	球隊必須有人負責做決定，這有助於團隊凝聚力並兼顧每個人的權益。
這個人有哪些責任？	準備球棒、球和手套。 確定球賽前球員們都有充分的暖身。 協助解決衝突。 安排球隊練球。
這個人有哪些職權？	分派球員的位置。 決定練習時間。
這個人不能做哪些事？	要球員在天黑後練球。 讓球員生病時，還要來練球。
這個職位有什麼優點和缺陷？ ■ 有足夠的權力嗎？ ■ 有適當的限制嗎？ ■ 責任過多嗎？ ■ 有沒有方法可以知道這個人是否盡到責任呢？ ■ 其他人能不能和這個人溝通自己的期望或需求？	顯然隊長有足夠的權力來實行這份工作的職責。 隊長的權力有受到一些限制，但這些限制並不足以防止他濫用權威。 沒有對隊長做任何的評估，看來隊長和隊員沒有溝通，無法得知隊員是否有機會向隊長說出他們的抱怨。
如何讓這個職位更理想？	接受任何合理的回答。

Lesson 7

你會給領導者多大權威？

課程概述

　　在這一課中，將運用所學來評估權威職位。學生要為一個虛擬的班級設置一個權威職位來解決問題，請將學生分成小組，並和全班分享成果。

課程目標

上完這一課後，學生應該能做到下列各事項：
- 設置一個權威職位
- 評估這個職位的職權是否過當或是不足

課前準備和所需教材

學習手冊「第七課：你會給領導者多大權威？」P. 73～77
發給每位學生一份「領導者的權威」思考工具表，表格原稿在P. 69～70。

課程介紹

❀ 本課會學到的概念 ❀
「學習手冊」P. 73

　　向學生說明這一課要練習設置一個權威職位，在「史密斯老師的助手」故事中，假裝自己是班上的學生，並為史密斯老師設計一個助手的職位。將全班分成小組設計權威職位，然後報告各組的想法。如果班上學生沒有角色扮演的經驗，教師要先花一些時間說明角色扮演的目的，建議大家可以如何準備和呈現所扮演的角色。

　　請學生讀學習手冊第73頁的「本課會學到的概念」，並討論這一課的「課程目標」。

❀ 參與班級活動 ❀
「學習手冊」P. 74～75

　　請學生先讀這一段的引言，然後讀「史密斯老師的助手」的故事，討論故事中的事件和議題之後，發給每位學生一份「領導者的權威」思考工具表，表格原稿在本手冊的第69～70頁。表格中的問題是以第六課中所學，擔任權威職位的人可以和不可以做哪些事情為基礎，幫助大家分析每個角色，並準備稍後的報告。

❀ 活動準備 ❀
「學習手冊」P. 76

　　和學生一起複習進行活動的各項指示，每個人都要熟悉思考工具表上的問題，將學生分成幾個小組。

　　給大家足夠的時間來完成思考工具表，學生必須準備好要在會議中提出的報告，鼓勵他們在報告時盡量引用寫在表格裡的想法，第64頁有各項問題可能的答案可供參考。

❀ 進行活動 ❀
「學習手冊」P. 77

　　複習進行活動的指示，在正式開始之前，教師必須先調整教室的擺設方式。

　　請班長宣布會議開始，由每個小組輪流提出報告。在每一組報告之後，其他學生可以對這組提問題，這組中沒有上台報告的組員要負責回答班上同學的問題。

　　可以指派一位學生擔任計時員，給每一組3～4分鐘的報告時間，報告後的問答時間則是每組2～3分鐘。

　　在結束時，學生必須討論這個權威職位的優點和缺陷，然後全班共同製作一張表格，清楚呈現設計這一個權威職位時的各項考量。

深入討論

• 深度討論 •

「學習手冊」P. 77

　　「深度討論」中的問題是要聽取學生的報告，幫助他們評估每一組的決定，並回顧整個活動的過程。鼓勵學生自由發言，告訴大家自己是否同意各組不同的意見。

領導者的權威	
什麼職位？	史密斯老師的助手
為什麼需要這個職位？	史密斯老師很忙碌，太多事情讓他沒辦法照顧到班上的每個孩子。
這個人有哪些職責？	讓學生決定新職位有哪些職責，例如：拿書本……等物品、準備上課、確認學生都拿到午餐、收牛奶錢、記錄出勤狀況。
這個人有哪些職權？	讓學生決定想要授予這個新職位哪些權力。例如：確認學生是否遵守規則、是否維持教室清潔。
這個人不能做哪些事？	讓同學們決定希望對這個職位加上哪些限制，例如：助手不能在放學前十分鐘才開始工作、不能懲罰學生、不能對學生吼叫。
這個職位有什麼優點和缺陷？ ■ 有足夠的權力嗎？ ■ 有適當的限制嗎？ ■ 責任過多嗎？ ■ 有辦法確認這個人有沒有認真執行職務呢？ ■ 其他人能告訴這個人他們的需要嗎？	學生要用這些問題來評估所設立的新職位，如果發現職位有缺失，可以趕快做適當的修正。
如何讓這個職位更理想？	評估其他組設計的權威職位之後，學生也許想修改原本的設計。

附錄一：思考工具表

實用好規則	
這項規則有什麼問題？	好規則應該‧‧‧‧‧
1.	
2.	
3.	
4.	
5.	

附錄二：思考工具表

最佳人選（一）

步驟一、這項權威職位的內容是什麼？

■ 我們想要擔任這項職位的人做些什麼？
■ 這個人會有哪些職權？
■ 這個人沒有哪些職權？
■ 我們不想要這個人做哪些事情？

步驟二、我們想要找到什麼樣的人？

■ 這個人應該具備哪些知識？
■ 這個人應該有哪些能力

最佳人選（二）

步驟三、有誰想要這項職位？ ■ 他是否具備完成工作所需的條件？ ■ 有哪些事情可能阻礙這個人去盡自己的 　責任？	
步驟四、 決定誰是最佳人選。 ■ 你的選擇為何？為什麼？	

附錄四：思考工具表

利益和代價		
解決方案是什麼？		
這個解決方案會帶來什麼結果？	是利益嗎？	是代價嗎？
1.		
2.		
3.		
4.		
5.		
你會怎麼做？為什麼？		

領導者的權威（一）	
什麼職位？	
為什麼需要這個職位？	
這個人有哪些職責？	
這個人有什麼職權？	
這個人不能做哪些事？	

領導者的權威（二）	
這個職位有什麼優點和缺陷？ ■ 有足夠的權力嗎？ ■ 有適當的限制嗎？ ■ 責任過多嗎？ ■ 有沒有方法可以知道這個人是否盡到責任呢？ ■ 其他人能不能和這個人溝通自己的期望或需求？	
如何讓這個職位更理想？	

民主基礎系列叢書

少年版（適用國內5～9年級）

公民版（適用高中以上）

老師，你也可以這樣做！

當教育碰上法律

本書是國內第一本從法律與教育專業的角度來探討校園問題的專書，兼顧教育目的、法律理念與校園實務，嘗試化解校園中日益嚴重的緊張關係，並積極營造良好的學習環境，以培養現代法治社會的優良公民。這是關心台灣法治教育的你，絕不容錯過的一本好書。

 五南圖書出版股份有限公司

電話：（02）2705-5066
傳真：（02）2706-6100
地址：台北市大安區和平東路二段339號4樓

公民行動 的學習從這開始

學生手冊

教師手冊

公民行動方案
★Project Citizen I

學生手冊‧定價120元
教師手冊‧定價130元

民間公民與法治教育基金會／主編‧五南／出版

　　這是一套從小即開始培養孩子關心週遭社區的問題、訓練溝通技巧、與擬訂行動計畫的公民參與能力，使其在多元化的社會，能針對公共議題審議，進而形成共識與分工，完成社會的改進的教材。學生透過課程的訓練培養成為會議領導者、意見統整者、議題建構者、計畫執行者等等。

　　教材中提出了幾個重要的步驟，讓有心學習公民行動技能者，或是想要培養社會科學研究能力者能有所依循：而決定行動方案的公共議題，可以是班級性、全校性、社區性、甚至全國性、全球性的問題。從行動實踐的角度來看，也可以先從自己的生活周遭來關懷起，如班級的整潔、秩序、霸凌、考試作弊，或如社區的污染、交通秩序、衛生、美化等。過程中，學生必須先研究所關心的公共議題，分析其成因和現況，掌握解決問題的職掌和相關資源所在；再來學生必須檢討出可行的改進策略，決定將採取何種策略。最後，將其所決定之策略，轉化成實際的計畫與行動。

五南圖書出版股份有限公司

電話：（02）2705-5066
傳真：（02）2706-6100
地址：台北市大安區和平東路二段339號4樓